Simplemente Ciencia

Materiales

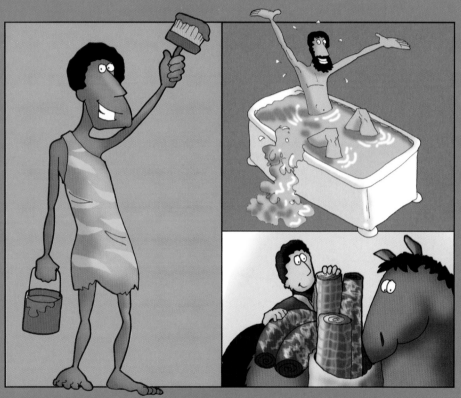

Steve Way

Ilustraciones: Steve Boulter y Xact Studio

Gráficos: Karen Radford

everest

Simplemente Ciencia

Materiales

Contenidos

¿Qué son los materiales?

Puede sonar confuso, pero los materiales son las cosas que utilizamos ¡para hacer todo lo que usamos! Por ejemplo, la madera, la piedra y los metales lo son. Usamos metales para hacer coches, aviones, barcos, edificios, cables ¡y hasta cubiertos!

A veces un solo material puede ayudarnos. Por ejemplo, hacemos ropa con lana o algodón. Otras veces se mezclan varios, como cuando combinamos metal con caucho para conseguir neumáticos resistentes.

Para construir lo que ves en esta foto, se han usado todo tipo de materiales resistentes.

Los materiales pueden ser...

sólidos… como los ladrillos, los metales y los plásticos

o **líquidos**… como los tintes, las tintas y las pinturas

o **gaseosos**…. como el oxígeno y el hidrógeno para combustible, o el neón para luces…

El uso de la madera

Las plantas siempre han sido útiles, no solo como fuente de alimentos, sino como fuente de materiales. De estos últimos, uno de los más prácticos es la madera.

La madera originó uno de los mejores inventos del ser humano: ¡el fuego! Además de calentar a la gente y protegerla de animales peligrosos, la madera ardiente era tan útil para la caza como las lanzas.

Incluso un enorme animal como el mamut lanudo huía a la carrera de la gente que blandía teas; le daban tanto miedo que acababa precipitándose por algún barranco; ¡entonces llegaba la hora del banquete!

Algunos científicos creen que el éxito de los humanos al cazar con fuego y lanzas provocó la extinción del mamut lanudo.

Debido a su resistencia, la madera es un material de construcción desde hace miles de años. Sorprende que, usada de ciertos modos, pueda ser cuatro o cinco veces más fuerte que el acero.

La madera era un buen material para balsas y barcos, porque flotaba y porque se le podía dar forma para fabricar embarcaciones de distintos tamaños.

Los *drakar* vikingos, los buques más rápidos de su tiempo, eran tan apreciados que servían de tumba a los reyes.

Con la madera también se hicieron muebles, vehículos y máquinas.

La madera crece

Los árboles toman agua del terreno con las raíces y la llevan por tubos leñosos hasta las hojas. Deben renovar esos tubos todos los años, porque solo les sirven para uno. Por esa razón se ensanchan año tras año ¡y producen tanta madera!

La medicina lleva miles de años sirviéndose de los árboles y otras plantas. Hasta un medicamento moderno como la aspirina, un analgésico, se descubrió en la corteza de los sauces.

Y, por supuesto, los árboles son también una fuente de alimentos, ya que nos dan manzanas, mangos, plátanos, frutos secos...

¿Cuántos años tiene un árbol?

Como el crecimiento anual es distinto (depende del tiempo atmosférico), los tubos leñosos se ven como anillos. Contando esos anillos, se puede saber la edad del árbol. ¡Algunos tienen más de 4700 años!

anillos de la edad

El pino de Bristlecone de las Montañas Rocosas, en EE. UU., es de los árboles más longevos que existen.

¡Los plátanos dan energías para trabajar y jugar!

Las rocas

Uno de los primeros materiales disponibles fueron las diferentes clases de rocas que había alrededor. Muchas armas primitivas, por ejemplo, se hicieron de una roca llamada pedernal, porque es muy dura.

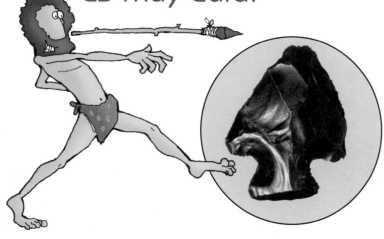

Entonces, ¿cuántos tipos de rocas hay? Bueno, hay cientos —nuestra Tierra es sobre todo de roca—, pero según su composición hay tres tipos principales.

1. Rocas ígneas

Algunos kilómetros por debajo de la dura roca sobre la que vivimos, hace tanto calor que las rocas se funden (magma). Cuando ese magma sale a la superficie –en una erupción volcánica, por ejemplo–, lo hace en forma de lava que finalmente se enfría y se solidifica. Este tipo de roca se llama ígnea.

Basalto y granito

El basalto y el granito son dos variedades comunes de rocas ígneas.

2. Rocas sedimentarias

¿Has echado alguna vez tierra o arena a un cubo de agua? El material que se deposita en el fondo es lo que se llama sedimento. La roca sedimentaria está formada por rocas, piedras y otros materiales que se depositan en capas, normalmente bajo el mar. Cada vez se apilan más capas, y las superiores aplastan las inferiores hasta endurecerlas.

Caliza

La caliza es un tipo de roca sedimentaria con la que se hacen bloques para estatuas y edificios. Muchas de ellas se han formado con las conchas de criaturas marinas prehistóricas que, al morir, se hundían.

3. Rocas metamórficas

Estas rocas proceden de otras que han sido sometidas de forma natural a grandes presiones o altas temperaturas.

Mármol

El mármol es un tipo de roca metamórfica que se origina por la transformación natural de la caliza.

¡El bello Taj Mahal de Agra, en la India, es de mármol!

El uso de la piedra

Además de durar mucho, la piedra se puede cincelar, tallar y hasta romper. Por ello ha servido desde la antigüedad para hacer todo tipo de construcciones especiales, como monumentos.

Las pirámides de Egipto y los templos aztecas y mayas se han conservado porque son de piedra. Otro de los monumentos antiguos más famosos es Stonehenge, en Inglaterra. Se inició hace más de 5000 años, y como los constructores no disponían de herramientas metálicas, usaron cuernos de ciervo para excavar agujeros en los que introdujeron las bases de las piedras, ¡y algunas pesan 25 toneladas!

Pizcas de roca

El suelo en el que nacen las plantas se compone sobre todo de minúsculos fragmentos de roca, que proporcionan valiosos minerales y una base para el cultivo. Además, se va fertilizando con la materia vegetal muerta, llamada humus.

Parece ser que Stonehenge servía tanto de inmenso calendario como de instrumento para estudiar las estrellas ¡y averiguar el tamaño de la Tierra!

El metal

Hace más de cinco mil años la gente halló un material útil, que ahora llamamos metal, en las rocas y sus alrededores.

A veces se hallaba en estado puro, pero lo habitual era encontrarlo mezclado con piedras y otros minerales. Las rocas debían romperse y calentarse para obtener el metal fundido.

Obtención de un metal puro

1. Uno de los primeros metales que se utilizó fue el cobre. Después de unos mil años se descubrió que podía mezclarse con otro metal llamado estaño para conseguir bronce.

2. Las armas y las herramientas de bronce eran mejores que las de piedra, porque el bronce era más fuerte y se podía forjar.

3. Pasados otros mil años se dieron cuenta de que el hierro era aún más práctico, y abundante.

Obtención del hierro

En la actualidad el hierro se refina en enormes "altos hornos", donde se funden toneladas de una sola vez.

El acero, que se fabrica añadiendo una pequeña cantidad de coque o carbón al hierro, es aún mejor que este porque se oxida menos.

Un moderno alto horno

4. Lo malo era que estaba mezclado con otros minerales en la mena de hierro. Para obtener hierro puro, debían refinar la mena.

5. Primero la calentaron a gran temperatura.

6. Y luego le añadieron carbón vegetal o mineral, que ayudaba a refinarla y a obtener el hierro.

El papel

Cuando aparecieron los ordenadores o computadoras se pensó que las oficinas se convertirían en "oficinas sin papel" y que los libros desaparecerían. No fue así; aunque los ordenadores son muy útiles, se continúa usando papel y se siguen imprimiendo libros. ¡Es que el papel es utilísimo!

Papel de harapos

El papel se hace con madera desde hace relativamente poco, el siglo XIX, pero el que empezó a fabricarse hace más de dos mil años era de trapos viejos. De hecho, justo antes de utilizar madera, ¡los trapos escaseaban! En la actualidad, ciertos tipos de papel se fabrican aún con tela.

La tala de árboles

El papel se hace sobre todo con madera y, en consecuencia, se talan muchos árboles. Por eso es muy importante reciclar tanto papel como se pueda: el viejo se transforma en pulpa y sirve para fabricar papel nuevo.

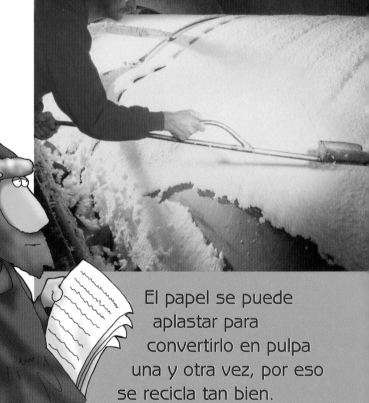

El papel se puede aplastar para convertirlo en pulpa una y otra vez, por eso se recicla tan bien.

Papiroflexia

El arte de la papiroflexia, originario de Japón, consiste en dar a un papel una forma determinada pero solo mediante dobleces, sin cortarlo, pegarlo ni decorarlo.

Cartón piedra

El cartón piedra es una pasta de cartón o papel, yeso y aceite secante que puede moldearse como se desee. El arte se originó en Oriente cientos de años antes de extenderse por Europa, en el siglo XVIII.

Papel pintado

El papel para adornar las paredes apareció en el siglo XV. Al principio se pintaba a mano, por lo que era muy caro, pero ahora se fabrica en grandes rollos ¡y es mucho más barato!

Entonces, ¿con qué se hace el papel?

Suele fabricarse con madera triturada, que sustituye los trapos del pasado, pero algunos tipos se hacen con otras plantas, como caña de azúcar, paja o lino.

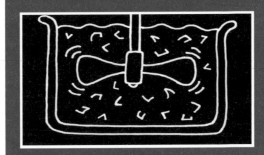

1. La pulpa de madera se mezcla con agua y se bate para hacer una pasta. Así las fibras de la madera se separan y se hinchan.

2. El exceso de agua se filtra y la pasta se aplana.

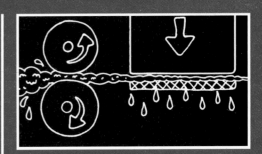

3. La hoja húmeda se prensa para escurrirla aún más. En las fábricas de papel modernas, esto se hace con rodillos de prensado.

4. La hoja se deja secar para que las fibras se peguen ¡y ya está!

Tejidos naturales

Hay muchos materiales que pueden transformarse en tejidos, y estos son importantes porque necesitamos ropa para nosotros y nuestra casa: sábanas, manteles, cortinas…

Algunos de esos materiales proceden de animales o plantas, y por eso los tejidos que se obtienen con ellos se llaman naturales.

Algodón

El algodón procede de la planta del mismo nombre, que se cultiva en todo el mundo. Después de florecer, aparecen las semillas envueltas en borra (pelusa larga y blanca). Las fibras de esa borra, que se recoge a mano o a máquina, se transforman en hilos.

Lino

El lino procede de fibras de la planta del mismo nombre. Es un tejido fuerte y duradero que sirve tanto para ropa ligera como para tiendas de campaña. El lino es uno de los materiales de fabricación humana más antiguos: los arqueólogos han descubierto trozos en antiguas tumbas egipcias, y restos prehistóricos en lo que hoy es Suiza.

Seda

La seda procede de los gusanos de seda, que son en realidad las orugas de la mariposa de la seda. La oruga segrega una especie de saliva que al secarse forma hebras finísimas con las que hace su capullo; con esas hebras se fabrica la seda. Se descubrió en China hace miles de años, y más tarde llegó a la India y Japón. A Europa no llegó hasta que dos monjes persas sacaron de China unos gusanos de seda ¡escondidos en cañas de bambú!

Lana

La lana se hace con el pelo, el vellón, de ovejas, cabras o camellos. Los mejores vellones se esquilan en tiempo cálido para que vuelvan a crecer antes del invierno. La lana contiene muchos espacios con aire que atrapan el calor y, además, absorbe lentamente la humedad del aire frío; por eso abriga tanto.

Tejidos sintéticos

En las primeras fibras sintéticas (artificiales) se intentó imitar las naturales. Cuando se trató de inventar una versión química de la seda, se dio con el rayón, una fibra que se fabrica con celulosa, sustancia que procede de los árboles. Desde entonces se han creado muchos más tejidos.

Spandex

Se fabrica con fibras de un plástico llamado poliuretano. Lo sorprendente de estas fibras es que, al estirarse, superan en cinco o seis veces su tamaño original sin llegar a romperse. Por ello el *spandex* es muy útil para ropa deportiva, como trajes de baño.

Lycra

La *lycra*, un tipo de *spandex*, es muy popular en deportes como el ciclismo.

Rayón

Para obtener rayón se mezcla la celulosa con ciertos productos químicos y se pasa por boquillas finas; el líquido sale en forma de hilos por los diminutos agujeros. La viscosa, el rayón más popular, se utiliza para tejer ropa, alfombras y material quirúrgico.

Nylon

El nailon se inventó en la década de 1930, en EE. UU., y suele fabricarse como el rayón. Es un plástico fuerte y flexible, por lo al principio se usó para ropa y sobre todo para medias de señora. Luego, en la Segunda Guerra Mundial, se utilizó también para hacer paracaídas y cables de remolque. Y para las cerdas de los cepillos de dientes.

Velcro

El velcro imita una planta llamada lampazo, cuyas semillas tienen cabezas ganchudas que se pegan a lo que pasa cerca. El velcro se compone de dos piezas de nailon que se unen cuando se tocan; es útil para zapatillas deportivas, por ejemplo.

En el futuro...

Los científicos planean obtener todo tipo de materiales. Por ejemplo, una resistente resina llamada teflón, material propio de las sartenes antiadherentes, se está utilizando para hacer pantalones irrompibles.

También añaden a los tejidos sustancias químicas (y quizá bacterias) para que se limpien solos, ya que ambas son capaces de eliminar la suciedad y el sudor. ¡Podremos pasar un montón de tiempo sin lavar la ropa!

Algunos tejidos contendrán sensores térmicos que indicarán a una computadora cómo y dónde está el usuario. Esto ayudará a quienes realicen trabajos peligrosos, como los bomberos, o practiquen deportes arriesgados.

Líquidos

Muchos materiales como la madera y el metal son duros y fuertes: es lógico que se llamen sólidos. Muchos otros son blandos y flexibles, pero también se llaman sólidos. Entonces, ¿cuál es la diferencia entre un material sólido y uno líquido?

Todos los materiales se componen de diminutas partículas llamadas átomos, y casi todos los átomos forman grupitos llamados moléculas.

En un material sólido, los átomos y las moléculas se mueven poco, solo vibran; por eso el sólido mantiene su forma si lo introduces en distintos contenedores.

En un líquido, todos los átomos y las moléculas giran unos alrededor de otros; por eso el líquido adopta la forma del contenedor en el que se vierte.

La maravillosa agua

¿Qué tiene de especial el agua? Que sin ella no habría vida en la Tierra, para empezar. El agua tiene múltiples propiedades que nos ayudan a mantenernos vivos.

1. Es un buen disolvente; otros materiales se disuelven en ella, es decir, se mezclan con las moléculas del agua.

2. Puede formar "emulsiones". Si algunas partículas no se disuelven por completo en ella, se quedan suspendidas (eso es la emulsión). La leche y algunas pinturas son emulsiones.

3. Es capaz de absorber mucha energía. Eso significa que hay que gastar mucha energía para calentarla, pero que ella debe perder también mucha energía para enfriarse de nuevo.

El caucho

El caucho es el fluido que gotea de los árboles del caucho. Cuando se seca, se solidifica. En 1839 Charles Goodyear descubrió que mezclándolo con sulfuro y calentándolo, se aumentaba su resistencia: era ideal para neumáticos de coches y bicicletas.

Casi toda la goma actual es de caucho sintético, aunque el natural se utiliza aún para los neumáticos de los coches de carreras, los camiones, los autobuses y los aviones.

Caucho líquido recogido con un recipiente.

Gases

Los gases, al igual que los líquidos, constan de partículas llamadas moléculas. Pero las de los gases se mueven por todas partes, chocando a veces entre sí. Algunos gases son materiales muy útiles.

Oxígeno

Y ninguno lo es más que el oxígeno, porque sin él no podríamos respirar. Además, acelera la combustión, por lo que se suele mezclar con un combustible en los motores de los cohetes, por ejemplo. Y al contrario: un fuego puede sofocarse eliminando el oxígeno.

Hidrógeno

El hidrógeno es también un gas muy útil. La mayor parte del Sol está compuesta por hidrógeno, y la energía solar es lo que ilumina y calienta la Tierra, haciendo posible la vida.

Muchos científicos creen que el hidrógeno será el combustible del futuro, porque cuando se quema sólo produce agua, en vez de los gases contaminantes de los hidrocarburos.

Sin embargo, el uso del hidrógeno entraña riesgos, como atestigua el accidente del dirigible Hindenburg. El hidrógeno es más ligero que el aire y servía para llenar globos y dirigibles, pero el del Hindenburg se inflamó y murió mucha gente.

Muchos cohetes funcionan con oxígeno e hidrógeno.

Nitrógeno

¡Otro gas útil!, y el principal componente del aire. Gracias a él, las plantas fabrican las proteínas que necesitamos para vivir, ya que es absorbido por diminutas bacterias que viven en el suelo y las raíces de ciertas plantas.

Vapor de agua

El vapor es la forma gaseosa del agua. La mayoría de los gases ocupan más espacio cuando pasan del estado líquido al gaseoso. Es lo que ocurre con el vapor que se calienta en un contenedor: al expandirse, comprime sus paredes.

Cuando la presión se libera, genera energía que sirve para alimentar locomotoras de vapor o girar las turbinas de una central eléctrica.

Neón

El neón pertenece a la familia de los gases nobles, llamados así porque tiene demasiada "nobleza" para reaccionar ante otras sustancias químicas.
Lo bueno del neón y otros gases similares es que, cuando los atraviesa una corriente eléctrica, brillan con distintos colores.

El neón es el protagonista de los letreros luminosos que tanto adornan las ciudades.

El vidrio

¿Crees que con esta arena de playa solo se pueden hacer castillos? Pues no: si se calienta a mucha temperatura, unos 1700 grados centígrados, se convierte en un material muy útil: ¡vidrio!

Las vidrieras animan y embellecen los edificios.

Como calentar la arena a esa temperatura sale muy caro, se le añade una sustancia llamada sosa, y así basta con calentar la mezcla a 850 grados, ¡que aún es mucho!

El vidrio que se fabrica así se llama vidrio acuoso, porque se disuelve en el agua. Por eso, para hacer vidrio normal, hay que agregar a la mezcla un poco de cal. Si se quiere obtener vidrio de colores, se añaden metales.

Fibra óptica

En nuestro tiempo hemos sido capaces de hacer una larga fibra de cristal, llamada fibra óptica. Se llama así porque mediante ella se envía luz. Los datos de ordenador, las voces y las imágenes pueden transformarse en impulsos luminosos que viajan por estas fibras.

La luz avanza por las fibras porque se refleja en los laterales. La fibra óptica se utiliza en medicina para ver el interior del cuerpo.

¡La carrocería de fibra de vidrio del Marcos Mantis GT queda estupenda!

Fibra de vidrio

Con el vidrio se pueden hacer fibras para conformar una especie de "lana" o darles una determinada forma. La lana de vidrio es un buen aislante acústico y térmico, por lo que se utiliza en la edificación. También se usa en carrocerías de coches y cascos de embarcaciones pequeñas.

El termómetro

Hay varias formas útiles en las que dos o más materiales pueden trabajar juntos.

Un termómetro por ejemplo, que es un instrumento para medir la temperatura, usa tres materiales: cristal, aire y metal.

¿Caliente o frío?

Una de las escalas de temperatura se llama Fahrenheit debido al científico que la inventó, pero hoy se utiliza más la escala de Celsius, o centígrada. En ella, el punto de congelación del agua dulce es cero grados centígrados, y el punto de ebullición, 100 °C.

La medición de la temperatura

1. Siempre se ha sabido lo que estaba frío y lo que estaba caliente. ¡Se notaba la diferencia!

2. Pero hasta el siglo XVIII no hubo un método para medir la temperatura exacta.

3. Un científico llamado Gabriel Fahrenheit decidió probar un termómetro que contenía un metal, el mercurio, que se expandía al calentarse y, por tanto, subía por el tubo.

4. Pero también debía ponerle una escala para saber lo que el mercurio subía.

5. Empezó la escala con la temperatura de congelación del agua salada: 32 grados y continuó dividiéndola hasta llegar a los 212: el punto de ebullición del agua.

Prueba de materiales

1. ¿Qué tipo de rocas se forman después de una erupción volcánica?

2. ¿Qué metal hacía la gente mezclando cobre y estaño?

3. ¿Cuánto pesan algunas de las rocas de Stonehenge?

4. ¿Dónde se enterraba a los reyes vikingos?

5. ¿Con qué se hacía el papel antes de fabricarlo con madera?

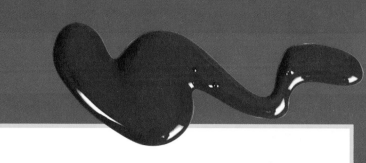

6. ¿De qué animales procede la seda?

---

7. ¿Qué fibra sintética se inventó al crear una versión química de la seda?

---

8. ¿Qué conocido líquido es un buen disolvente?

---

9. ¿Qué gas puede ser el combustible del futuro?

---

10. ¿Con qué material se fabrica la fibra óptica?

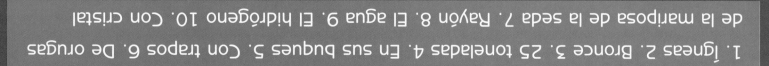

1. Ígneas 2. Bronce 3. 25 toneladas 4. En sus buques 5. Con trapos 6. De orugas de la mariposa de la seda 7. Rayón 8. El agua 9. El hidrógeno 10. Con cristal

Índice

SEP 09 2013